Comprende tus sueños

Grupo ROBIN BOOK
Barcelona - México
Buenos Aires

Comprende tus sueños
Peter Talbott
Vital

Diseño de cubierta e interior: Cifra (www.cifrabcn.com)

ISBN: 978-84-9917-113-5
Depósito legal: B-16.707-2011

Impreso por Egedsa, Rois de Corella 12-16
08205 Sabadell (Barcelona)

Impreso en España - *Printed in Spain*

Índice

Introducción

Cuenta la mitología clásica que Morfeo disponía de unas alas silenciosas que batía rápidamente para poder llegar a cualquier rincón de la tierra y así inducir los sueños de quienes dormían, adoptando la apariencia humana para aparecer en ellos.

En la antigua Grecia, y luego en Roma, se creía que existían dos tipos de sueños. Los primeros eran producidos por las actividades cotidianas de las personas. Así, cuando un durmiente tenía sed, este podía saciar la sensación bebiendo un vaso de agua. El segundo tipo de sueños estaría inspirado por los dioses, que a través de ellos aconsejaban a los hombres. De alguna forma estos sueños vendrían a representar lo que el hombre recuerda de la conversación que ha mantenido con un dios.

El templo de Esculapio (en griego Asclepius*) se erigió en su origen como un lugar de gran energía sanadora donde una persona enferma podía acudir, dormir y tener un sueño intrínsecamente curativo. El rito se fue transformando a lo largo del tiempo y los* *encargados del templo, o* therapeutes, *empezaron a hacer de intérpretes de las instrucciones sanadoras ocultas en el simbolismo del sueño. Fue entonces cuando a los sueños se les atribuyó una fuerza curativa menor, y pasaron a ser mensajes crípticos que debían ser interpretados por los terapeutas, los cuales analizaban de un modo adecuado estos comunicados de los dioses con el propósito de determinar el curso correcto.*

Richard Yensen, *Hacia una medicina psiquedélica*

Este fragmento nos demuestra la importancia que hace ya miles de años tenían los sueños por su carácter revelador, premonitorio y terapéutico.

En aquellos tiempos era bastante habitual practicar determinadas curas tras haber inducido el sueño mediante algún tipo de narcótico. Dormir era y es una práctica tan necesaria como el comer.

El hombre pasa un tercio de su existencia durmiendo; algunos menos, otros más. Pero lo que sí es irrefutable es que las alteraciones del sueño influyen sobre nuestra supervivencia y calidad de vida. Dormir es un estado activo que conlleva cambios hormonales, metabólicos y de temperatura imprescindibles para el buen funcionamiento del ser humano durante el día. El hecho de dormir mal, no poder dormir de forma seguida y profundamente o llegar a provocar la privación del sueño, no solo es causa de uno de los malestares más insufribles que pueden afectar al individuo sino que, como en el último caso, puede llegar a considerarse una tortura propia de un manual de guerra. En definitiva, la falta total de sueño puede llegar a convertirse en algo letal.

Actualmente los avances científicos han contribuido enormemente a un mayor conocimiento del mundo del sueño y de los fenómenos que suceden durante este estado.

Nuestra vida es un ciclo constante en el que día y noche se interrelacionan sin reposo. Cuando cerramos los ojos nos adentramos en un estado misterioso y desconocido que denominamos sueño.

Las fases que componen nuestro sueño son cinco y el conjunto de ellas se denomina ciclo. A lo largo de la noche suelen aparecer de cuatro a cinco ciclos.

En la primera fase el cuerpo inicia una distensión muscular, la respiración se vuelve uniforme y la actividad cerebral se ralentiza con respecto a la que existía en la vigilia. En la segunda las ondas cerebrales son aún más lentas hasta que en la siguiente fase estamos ya en un sueño más profundo que recibe el nombre de sueño lento o fase tres y cuatro. En ella se precisan fuertes estímulos acústicos o táctiles para despertarnos. Este proceso suele durar aproximadamente unos 60 o 70 minutos y posteriormente volvemos a la fase dos para entrar en una nueva situación fisiológica denominada fase REM (Rapid Eye Movement), porque la característica de esta son los movimientos oculares rápidos. Este conjunto de etapas, que anteriormente hemos mencionado ya como ciclo suele durar unos 90 o 100 minutos. Es interesante saber que existen pequeños despertares, unos 6 u 8 que emergen de las distintas fases del sueño que configuran una noche. Estos despertares duran muy poco en el niño y en el adulto, pues no superan los 30 segundos, mientras que en los ancianos aumenta hasta alcanzar entre los 2 y los 5 minutos. Este estado de vigilia, que constituye un 2% del sueño total, normalmente no lo recordamos al día siguiente.

Durante la primera mitad de la noche pasamos más tiempo en sueño profundo, mientras que en la segunda mitad predominan más las fases dos y REM. ¿Qué sucede en esta etapa? Como he mencionado anteriormente los movimientos oculares rápidos caracterizan este estado, pero a ello se le añade el aumento de la frecuencia cardiaca y la tensión sanguínea, y un aumento de las ondas rápidas (en un electroencefalograma) que indican la repentina agitación de la actividad mental. Estamos pues soñando, y es en esta fase, cuando al despertarnos, recordamos lo que hemos soñado.

Seguro que muchos habremos podido comprobar que algunos sueños provocan los mismos procesos fisiológicos que cuando estamos despiertos, como por ejemplo, la producción de adrenalina durante las pesadillas en las que interviene el peligro o el terror, y eso que durante esta fase los músculos se encuentran en su estado más distendido, casi como si estuviéramos paralizados. De ahí que en nuestros sueños también aparezca esa sensación de desolación y falta de ayuda, pues también es un reflejo directo del estado físico propio del que duerme.

Este hecho es un aspecto interesante que tiene que ver con la relación entre el cuerpo y la mente mientras soñamos. Esta relación es el llamado sueño fisiológico, en el que nuestra actividad física y los estímulos externos nos pueden hacer vivir situaciones angustiosas. El sonido de un teléfono puede convertirse en el de una alarma o bien, la vejiga llena, en un sueño de asfixia o ahogo.

Todos soñamos, y aunque hay personas que dicen que no sueñan, en realidad es que no recuerdan la sensación de haber

Los sueños nos pueden hacer vivir situaciones angustiosas.

soñado. A veces, lo que sucede es que retenemos solo fragmentos dispersos y borrosos de su contenido. Pero lo que sí se sabe es que tenemos alrededor de 1.000 sueños al año, y se pueden ir recordando mejor si cada vez que nos despertamos apuntamos alguna palabra relacionada con él.

Poder recordar los sueños también nos puede ayudar tomar algunas medidas, como por ejemplo, intentar despertarnos de forma natural, pasando por un período intermedio entre el sueño y la vigilia, que es el mejor momento para fijar el recuerdo de los sueños. Otros enemigos de los sueños son el alcohol y los somníferos, pues dichas sustancias suelen afectar a las fases REM.

De todas formas, más adelante ofreceré algunos consejos y prácticas que te ayudarán a recuperar los sueños.

¿De dónde vienen los sueños?

En primer lugar tenemos las fuentes inmediatas: la casa, la familia y los amigos. A ellos se añaden tus propios sentimientos y pensamientos en donde incluyes tus esperanzas y expectativas, tus temores y fracasos. Todo esto conforma tu fuente personal de información, que contribuye a dar forma a la perspectiva y a las reacciones de tu vida diaria. Así, el hecho de soñar con tu casa de veraneo o la escuela de educación primaria, en donde te sentías feliz y seguro, hace que en tus sueños recuperes el mismo sentimiento.

Otra fuente de la que beben los sueños procede de tu vida social. Las personas con las que te cruzas y tratas en el trabajo, los estudios, los negocios y demás actividades sociales, conforman todo lo que tiene que ver con las convenciones, las tradiciones, los valores y los principios sobre los que opera la sociedad.

Por último, disponemos de una fuente de información común a todos los seres humanos, la relacionada con las necesidades naturales y los instintos experimentados a través de los estadios de nuestra vida: la infancia, la pubertad, la madurez o la vejez con todo lo que cada una de estas etapas conlleva.

El lenguaje de los sueños

Los sueños son esas experiencias que por lo general tenemos durante la noche y de las que somos conscientes cuando estamos dormidos. En su transcurso tenemos imágenes de animales o de personas que mantienen conversaciones o hacen toda clase de cosas, de lugares en donde ya hemos estado, de paisajes desconocidos. También percibimos sonidos, tenemos dolores y todo ello lo vivimos con la misma intensidad que cuando nos encontramos despiertos; es decir, en ellos hablamos e incluso pensamos. De modo que es solo cuando despertamos que nos damos cuenta de que las experiencias que hemos tenido mientras dormíamos eran un poco raras o carecían de lógica. Todo ello nos lo explicamos porque pensamos que no tienen nada que ver con la realidad, carecen de una lógica causal. Sin embargo, como veremos a lo largo de este libro, nos daremos cuenta de la estrecha relación que mantienen ambos estados. Soñar es una actividad necesaria para nuestra salud mental así como para poder conectar el consciente con el inconsciente. Cuando dormimos nos liberamos de las tensiones producidas por las expectativas, proyectos, responsabilidades y temores acumulados en nuestra mente consciente y subconsciente durante el día. Este viaje nocturno, nos permite afrontar el día siguiente, pues de no ser así, los días serían emocionalmente insoportables.

Los sueños son una especie de desahogos emocionales, son caóticos porque quienes los rigen son tus deseos conflictivos. Por ello y porque parten de tu ser más profundo no dudas de que sea real. Crees que los personajes y sus acciones son sus agentes mientras que en realidad no te das cuenta de que eres tú el que los hace actuar. No reaccionas ante él como si fuese obra tuya, pues si tomaras conciencia de ello la responsabilidad, culpa y demás sentimientos recaerían sobre ti y la ilusión de satisfacción que a veces predomina desaparecería.

Cuando soñamos utilizamos el lenguaje de los símbolos como las palabras, los términos, las formas o dibujos, que poseen significado por sí solos al margen del que ya conocemos. Para entender los símbolos se han de tener en cuenta las diferentes tradiciones, culturas, mitos y demás convenciones, pues no es lo mismo el lobo para un nativo americano que para un europeo. A estos factores culturales también se unen los arquetipos universales, como puede ser el concepto del padre, madre, ladrón, enfermedad, etc.

Y por último, otro de los factores a observar es el perteneciente a las creencias y temores, o el de los simbolismos propios de cada cual. Todo este conjunto de elementos nos aportará información necesaria para poder descifrar e interpretar los sueños.

Ahora bien, no hay que olvidar que una de las personas que mejor puede entender el lenguaje de los sueños eres tú. Dado que eres tú el artífice de tu viaje nocturno, solo tú tienes la clave para descifrarlo; se trata de tu vida. Desde luego un terapeuta es el profesional que te ayudará a desvelarlos, pero únicamente tú eres quien puede destapar la sabiduría que contiene. Trata de ser sincero y honesto contigo mismo y deja de lado los prejuicios. Intenta llegar a descifrar los sentimientos que afloraron durante el sueño y la sensación que has tenido al despertar.

Aspectos generales a tener en cuenta cuando recordemos los sueños

El tema

Intenta recordar el argumento central del sueño. ¿Era un sueño en el que te perseguían, ibas vestido, era un viaje, te caías, volabas, había serpientes, etc?

La acción

Qué sucede y dónde. Piensa si era un lugar conocido en un pasado o era completamente desconocido para ti.

¿Eras el protagonista de la acción?

Con ello podrás reconocer tu posición y grado de importancia con respecto a una situación de tu vida real.

El ambiente general y tus emociones

¿Era claro y luminoso u oscuro y apagado? ¿Te divertías o tenías miedo? A lo mejor estabas pasando un examen, ¿lo aprobaste o suspendiste? ¿Con qué nota?

El entorno

Recuerda si era en la tierra o en el aire o mar. Si por ejemplo tomas nota de la entrada del diccionario de Agua, que aparece más adelante, observarás que esta hace referencia a las emociones, con lo cual, al recordar el terreno nos acercamos a la raíz del problema.

Los colores

A veces los colores pueden ser un aspecto muy significativo en tus sueños y puede ser suficiente para que nos desvele el significado del sueño. Otras veces es tan solo un aspecto incidental, aunque no menos significativo. Intenta recordar si había un solo color que predominara por encima de otros.

Anagramas y números

Pueden ofrecer información valiosa acerca de fechas relevantes, juegos de azar, calendarios, etc.

Personajes, objetos y animales

Los personajes que aparecen simbolizan habitualmente diversas facetas de la personalidad del soñador, como su lado femenino o masculino, que a menudo aflora en los sueños si una parte en concreto de la psique del soñador queda reprimida o ignorada por algún motivo. Otras veces funciona como dobles y representan situaciones que necesitan superarse, y quizá es necesario acudir a algún profesional para someterse a alguna terapia. Muchas veces se liberan perjuicios del soñador y permiten que el sueño muestre claramente aspectos profundos de su naturaleza y personalidad. Cuando en tus sueños aparece algún doble pregúntate si ese mismo personaje te recuerda a alguien.

De todas formas cabe señalar que para la interpretación de los sueños nunca se debe caer en una lectura mecánica y simplista de las entradas, ya que una buena interpretación depende también de las circunstancias que vive en cada momento quien sueña, y su asociación e interrelación entre los diversos elementos del sueño.

Tipos de sueños

Sueños ordinarios

Es el sueño normal y ordinario cargado con las cuestiones emocionales y cotidianas de las vida interior y exterior.

Sueños de sabiduría o numinosos

Son los que provocan que te levantes sobrecogido, conmocionado y sabiendo que algo profundo te ha sucedido. Nos produce respeto por su significado. Son sueños que nunca olvidas y muchas veces te sientes impelido a actuar tras haberlo soñado. Son sueños que se alejan de los habituales. Te empujan a observar tu vida desde una nueva perspectiva. Te tranquilizan en tiempos difíciles. Te aportan seguridad si es que flaqueas y te ayudan a reconocer tu gran potencial, incentivándote para realizar esfuerzos mayores. Nos proporciona una dirección curativa en la vida.

Sueños lúcidos

Son sueños que se suelen producir en la primera fase después de caer dormidos. Nunca en la fase REM. Son imágenes que están en el límite entre la imaginación y el mundo onírico propiamente dicho. El soñador comprende que está soñando. Hay quienes en estos sueños puede de alguna manera dirigir su intervención.

Sueños recurrentes

Son aquellos que aparecen varias veces tal cual o con ligeras variaciones. Son sueños de relativa importancia pues revelan el bloqueo o imposibilidad de cambio de determinadas pautas fundamentales en la mente del soñador.

Pesadillas

A veces tenemos sueños muy angustiantes o aterradores que se presentan solos o aislados. Las pesadillas nos alertan sobre la necesidad de prestar atención hacia acontecimientos que nos están provocando estrés o angustia. Nos advierten de problemas potenciales y nos ayudan a encarar temas que tal vez evitamos en el día a día. El motivo de su aparición también está provocado por un desarreglo físico, comidas copiosas, problemas respiratorios u otros como los ya mencionados más arriba. De todas formas, las pesadillas en sí no revisten ninguno de los peligros que muestran las ficciones cinematográficas o literarias: paros cardíacos o ahogos.

Lo que sí se puede hacer para aprender de ellas y tratar de superar esas situaciones personales de desequilibrio es afrontar y superar la situación. Al levantarte imagina que le plantas cara a la amenaza. Puedes explicar cómo te hace sentir para darte la oportunidad de dirigirte directamente a tus miedos ayudando con ello a disipar la ansiedad.

Si por lo que sea no puedes descifrar el significado de la pesadilla tras haberlo intentado por un tiempo, entonces déjala ir. Sé paciente. Algunos sueños son parte de un proceso más largo en el que otros aparecerán para completar el puzzle. Su significado tarda un tiempo en salir a flote.

Hábitos para recordar los sueños

- Trata de mantener unos hábitos de sueño. Intenta dormirte y levantarte a la misma hora aproximadamente.
- Antes de dormirte expresa tu intención de recordar los sueños del día siguiente.
- Deja al lado de tu cama una libreta y bolígrafo.
- En cuanto te despiertes escribe todo lo que te venga a la cabeza, sea sueño o no.

Cuando soñamos
utilizamos el lenguaje
de los símbolos.

- Puedes dibujar imágenes que te hayan parecido relevantes o fuertes.
- Intenta despertarte sin despertador; permite que entre un poco de luz en la habitación.
- Comprométete a escribir todos los fragmentos del sueño y no los sueños más llamativos.
- Escribe rápidamente sin tratar de que haya un discurso lógico. No intentes entenderlo mientras lo escribes o anotas palabras claves. No te obligues a recordar todo el sueño.
- Escribe los sentimientos y actitudes.
- No censures tus sueños ni te juzgues.
- Ponle un título a tu sueño.

Por último, espero que este pequeño diccionario te ayude a interpretar esos momentos tan misteriosos y reveladores que forman parte diaria de nuestro recorrido nocturno. Pero antes de finalizar esta introducción, me gustaría recalcar un aspecto importante a la hora de profundizar en los sueños. La gran virtud de estos es la de advertirnos sobre la existencia y la dimensión de determinados problemas, así como la de darnos pistas para evitarlos y superarlos. De ahí que el dicho popular nos invite a «consultar con la almohada». Pero lo que no hay que olvidar es que afortunadamente, en la vida real es donde nosotros, mediante nuestras decisiones y la puesta en práctica de las posibles soluciones que nos proponen los sueños, resolvemos nuestros problemas.

Los sueños, siendo una gran reserva de conocimiento y experiencia, a menudo, no son considerados en su cualidad de vehículos para explorar la realidad.

TARTHANG TULKU RINPOCH

Diccionario de los sueños

Abandono

Por lo general sugiere dificultades y soledad. No obstante, cuando un joven sueña que abandona su hogar o empleo, simboliza que no está a gusto con el ambiente en el que vive. Está deseando un cambio.

Cuando nos abandonan indica que tendremos dificultades en un próximo futuro.

Si sueñas que abandonas tu casa indica que se acercan infortunios familiares o de dinero, así como estar expuesto sufrir perdidas debido a la intervención de personas de mala fe. Si abandonas a la novia, novio o amante durante el sueño, indica que sufrirás pérdidas económicas y de valores diversos como afectos personales, amistades, negocios, etc.

Abejas

Soñar con abejas es buen presagio, pues indica la presencia cercana de éxitos en el trabajo y en todos los asuntos que estés manejando. Si son muchas abejas y muy activas, sugiere progresos o buenos resultados en el trabajo. Soñar que te pica una abeja es síntoma de un peligro inesperado.

Abismo

Si soñamos que estamos al borde de un abismo indica alguna forma de peligro o amenaza. Si estás al borde del mismo, significa que tendrás problemas y que recibirás reproches y acusaciones por ello.
Si caes en las profundidades del abismo, pronto sufrirás algún disgusto de difícil solución. Si por lo contrario, consigues evitar la caída o saltar, entonces conseguirás recuperarte del trance. Soñar profundidades o abismos también sugiere que te encuentras en un estado anímico alterado, tal vez depresivo, y si no se cuida podrías sufrir serios ataques de ansiedad por cualquier motivo. Lo mejor que puedes hacer después de uno de estos sueños es mantenerte alerta y vigilante, pero manteniendo la serenidad.

Soñar abismos sugiere
que te encuentras
en un estado anímico alterado.

Aborto

Suele indicar que sobrevendrán interrupciones o retrasos en tus tareas o expectativas. Asimismo, puede simbolizar enfermedades, separación o pérdida de alguna persona cercana.

Si eres una mujer que sueña que está abortando señala la posibilidad de frustraciones en sus deseos o pérdida de algo querido.

Si eres un hombre que sueña con la participación en un aborto o bien lo presencias es que hay riesgo de accidente o enfermedad.

Abrazo

Posee un alto significado de riesgo o traición.

Si abrazas a otro esta otra persona puede sufrir algún tipo de desgracia o incluso morir. Si lo que ves en el sueño es a tu pareja abrazando a otro, significa, curiosamente, que podemos estar seguros de su amor.

Cuando te abrazan, entonces es mejor que desconfíes de esa persona, ya que puede abandonarte o traicionarte.

Cuando en un sueño
nos abandonan, significa
que tendremos dificultades
en un futuro próximo.

Abuelo

Los abuelos le dan un sentido de continuidad al árbol genealógico.

Para esas personas a las que sus padres no han podido dedicar mucha atención, el abuelo es quien sustituye a la figura del padre. Al igual que las abuelas, los abuelos son tradicionalmente considerados tan protectores y cariñosos como los padres aunque más indulgentes que estos. El abuelo actúa como protector de las tradiciones familiares y como tal le desagrada el desarrollo moderno. Si sueñas con un desacuerdo considera si es algo personal o simboliza un conflicto generacional. Si sueñas con tu abuelo y este está vivo cuestiónate si tu sueño es como un recordatorio para que le hagas una visita.

Abuela

Las madres y las hijas cuidan de las ancianas abuelas tal y como se ha venido haciendo desde tiempos inmemoriales. Las abuelas son personas mayores sabias que, después de su muerte, vuelven a nosotros en sueños para guiarnos y acompañarnos en los tiempos difíciles. Suelen aportar un gran sosiego y tranquilidad.

Las abuelas aparecen en nuestros sueños para guiarnos y acompañarnos en los momentos difíciles.

Accidente

Cuando sueñas con un accidente pregúntate a ti mismo qué hay en tu vida que pueda estar escapándose de tu control. Muchas veces, los accidentes se producen por una falta de concentración, por cierto descuido o imprudencia o bien por no darte suficiente tiempo para sopesar los riesgos. Es bastante típico que en estos sueños se produzca un accidente de coche, una caída, estar en un sitio en el momento equivocado, o incluso verse envuelto en un desastre como un terremoto. Quizá el sueño te esté pidiendo calma ante los acontecimientos para que no peques de impaciente.

Adulterio

Si tienes una relación que parece estable, pero sueñas que tu pareja te es infiel, entonces deberías analizar ciertos sentimientos de inseguridad. A lo mejor el sueño te está alertando de aspectos que no puedes identificar cuando estás despierto. Más que indicar que tu pareja se está alejando de ti, tu sueño puede ser una metáfora de tu ansiedad por miedo a perderla.

Si sueñas que tienes una aventura con alguien, pregúntate a ti mismo si eso es realmente lo que querrías. ¿Puede simbolizar un deseo de una mayor creatividad o renovación en la relación? A lo mejor puedes explorar maneras de expresar y satisfacer todo tipo de pasiones en tu vida.

Agua

En los sueños el agua representa nuestra vida emocional. Esta puede ocultar sucias profundidades o mostrarse claramente cristalina. Si sueñas que te estás aseando o que estás limpiando ropa puede indicar que es hora de empezar de cero o iniciar aquel proyecto que has estado posponiendo.

En aquellos lugares en los que el agua está dentro de algún contenedor, como por ejemplo una piscina, significa que hay control emocional y contención.

Reflexiona si hay algo en tu interior que está brotando y necesita cierta atención por tu parte. Si sueñas con agua hirviendo el sueño te está indicando que necesitas desahogarte de alguna manera.

Ahogarse

Si vives cerca del mar es bastante normal que sueñes con el agua, pues es un elemento importante de tu entorno.
Si sueñas que te estás ahogando es posible que te esté alertando de posibles peligros.
Cuando sueñas que eres incapaz de salir a la superficie es que te sientes agobiado por algo o sientes que algo está por encima de tus posibilidades.
Si en tu sueño es un ser querido quien se ahoga es porque te percatas de que está metido en alguna actividad que le agobia provocando la pérdida de equilibrio emocional.
Tienes que preguntarte si te sientes desbordado por el transcurrir de tu vida. Piensa cómo puedes alcanzar la superficie para tomar aire.

En los sueños, el agua representa nuestra vida emocional.

Amarillo

Este color indica lucidez y vitalidad, la autenticidad de cada cual y la inteligencia. Aunque también puede significar: la mentira, la traición y la decepción. Si el amarillo es intenso y vivo, es posible que recibas buenas noticias en un futuro no muy lejano. Si por el contrario es un amarillo apagado entonces vivirás un fuerte desengaño producido por alguna mentira o traición.

Amigos

Los amigos están ahí para apoyarnos en los malos momentos y celebrar los buenos.

En los sueños los amigos te dan la pauta para saber qué hacer cuando has tenido una pelea. Piensa si alguno de tus amigos está solo contigo cuando las cosas van bien.

También puedes tener algún amigo que necesite tu ayuda.

En ese caso tendrás que pensar si estás dispuesto a dársela.

Si soñamos con un solo amigo es posible que se dé un cambio en la relación.

Amor, amoríos

Suele ser la representación de los anhelos ocultos del soñador, aun cuando la persona con la que se hace el amor no sea la que amamos. El sueño solo indica el deseo, lo que buscamos y no tenemos. Sin embargo, cuando los sueños con escenas amorosas se repiten con frecuencia, es que existen conflictos sentimentales y la vida amorosa no es como debiera.

Soñar con escenas amorosas indica el deseo, lo que buscamos y no tenemos.

Amputación

Soñar con una amputación revela temor a perder algo relacionado con la parte amputada.

Si lo que sueñas es que ves a una o más personas con miembros amputados entonces es posible que esperes demasiado de los demás, por lo que debes esforzarte más por ti mismo.

En la interpretación freudiana la amputación se ve casi siempre como temor a la impotencia sexual, en los hombres, y como represión del goce y del orgasmo en las mujeres.

Andamio

Si estás en un andamio de una obra en construcción indica que necesitamos emprender algo, o que deseamos dar fin a lo que hemos empezado. Este es un sueño más habitual de lo que parece.

También es útil fijarse en el estado del andamio, pues si se encuentra en un estado precario, es posible que estemos dudando de nuestras capacidades, mientras que si está bien asentado y sólido posiblemente estemos en una situación de confianza y buenas expectativas personales.

Armario

El armario es el lugar en donde guardamos nuestras posesiones materiales o psíquicas. Si aparece demasiado lleno, posiblemente no irá mal eliminar aquellas cosas que han caído en desuso, de este modo podremos hacernos una idea de lo que tenemos que renovar. Si el armario está cerrado es posible que inconscientemente ignores algunos aspectos de la realidad que te interese desentrañar.

Armas

Soñar con ellas está muy relacionado con los conflictos y enfrentamientos. Las de fuego indican un daño que pueden hacernos a distancia, pero si eres tú quien la empuña y disparas, nos indica una ventaja o superioridad en cualquier asunto conflictivo o discusión. Las armas blancas como las espadas o puñales, indican conflictos personales e íntimos ante los que se debe reaccionar con rapidez y seguridad.

Las armas blancas
como las espadas o puñales,
indican conflictos
personales e íntimos.

Atasco

Es bastante frecuente tener sueños de atascos en carretera; por desgracia es una situación bastante común en nuestra vida real. Se trata de un sueño con un significado de agobio y frustración. En estos casos es bueno revisar qué aspectos de nuestra vida no hemos podido digerir aún. Asimismo, este sueño aconseja que seamos pacientes y prudentes en la vida.

Avería

Se pueden distinguir tres tipos de avería en los sueños. Las averías pasivas (aparatos o sistemas que no funcionan) son las que indican un sentimiento de abandono y de que los demás nos ignoran. Asimismo, el hecho de que nada funcione oculta una serie de carencias propias y debilidades cuyas consecuencias achacamos al entorno. Las averías activas tienen un significado más personal, advirtiendo que algo en nosotros está a punto de explotar.

Avión

Simbolizan nuestras ansias por despegar, iniciar nuevas aventuras y dejar atrás todo, empezando una nueva vida. Asimismo, el viaje en avión o avioneta te permite obtener una vista de pájaro, lo cual te dota de una perspectiva más amplia para analizar u observar determinados aspectos.
El paracaídas en un sueño simboliza con frecuencia la necesidad de tomar ciertas medidas de seguridad y precaución.

Azul

El azul es un color frío que se relaciona con lo mental, lo espiritual e intelectual. Aun así este es un color de amplio espectro en el que hay que considerar aisladamente los diferentes tonos que van desde el azul celeste hasta el índigo.

En términos generales, soñar con este color suele ser síntoma de la buena adaptación con los demás y con las distintas situaciones. Por otro lado también nos indica cierta confusión de sentimientos.

Soñar con el color azul puede indicar cierta confusión de sentimientos.

Baile

Cuando soñamos que estamos en medio de una fiesta participando en ella y bailando, entonces queda manifiesta la alegría y el bienestar en el que nos encontramos. Por el contrario, si en nuestro sueño nuestra actitud es más pasiva, no bailamos y estamos más bien al margen de la alegría circundante, convendrá hacer un examen de nuestra capacidad de adaptación. El sueño nos indica que debemos adaptarnos a las nuevas situaciones y cambiar nuestra actitud.

Baño

El baño en general está relacionado con las emociones. Cuando soñamos que estamos en un baño o en la bañera es que estamos tratando de desentrañar nuestras emociones y necesitamos tiempo para considerarlas. Si por ejemplo el agua de la bañera está demasiado fría, entonces es que no estás seguro de tus sentimientos. Si por el contrario, el agua está demasiado caliente no estás preparado para comprometerte.

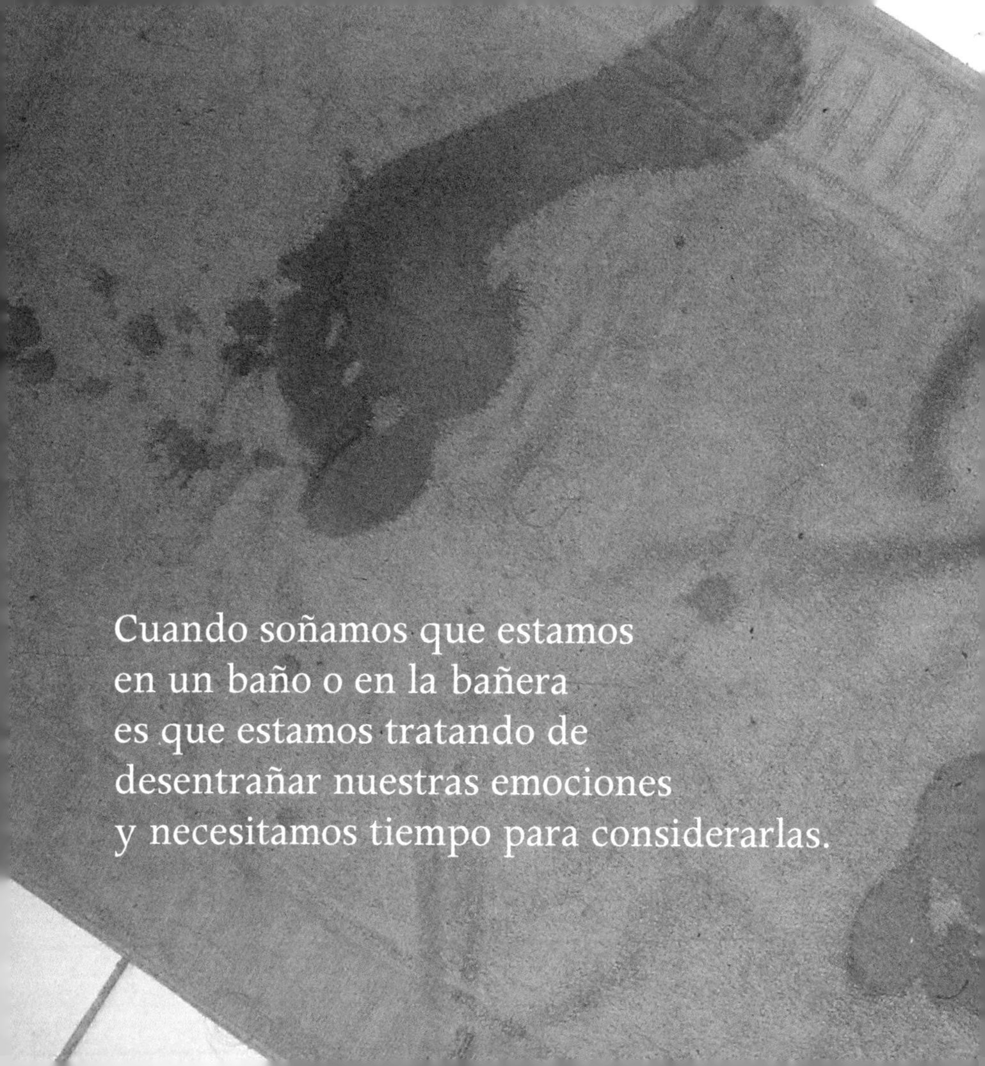

Cuando soñamos que estamos
en un baño o en la bañera
es que estamos tratando de
desentrañar nuestras emociones
y necesitamos tiempo para considerarlas.

Barco

Cuando soñamos que viajamos en barco podemos establecer un paralelismo con nuestra vida. El barco representa el alma o la conciencia viajando en el mar de la inconsciencia. Este sueño suele significar que debes tomar parte más activa de tu vida y no dejarte llevar por el inconsciente. Si en el sueño observas desde el puerto cómo llega un barco, probablemente es que llegará en poco tiempo algunas novedades.

Billetes

Dado que en la vida real existen varios tipos de billetes, en nuestros sueños puede aparecer cualquiera de ellos. Desde un billete de tren, pasando por el dinero, hasta unas entradas para disfrutar de un espectáculo. Por lo general, suelen ser motivo de conflicto. Bien porque se pierden, se olvidan, son falsos o nos equivocamos de billete. Todos ellos representan nuestra realidad y los conflictos con ella. Puede ser que estés viviendo por encima de tus posibilidades o bien que la realidad no responda a tus expectativas. Así pues, lo que reflejan estos sueños es una falta de ajuste y acomodación entre tus propias capacidades y tu ritmo de vida personal y profesional.

Bolso

Objetos como los bolsos, carteras o monederos tienen que ver con nuestra identidad, pues en ellos solemos llevar el DNI y objetos personales. Si sueñas con un bolso de diseño caro, seguramente tendrás la necesidad de sentirte un poco más elegante. El tipo de bolso que soñamos refleja la riqueza y la posición social, así como la necesidad de hacer público nuestro estatus.

Un bolso muy usado muestra un desgaste de sentimientos malheridos. Es posible que necesites actualizar tu identidad y darle un poco de brillo. Si el bolso está roto y necesita repararse pregúntate qué es lo que podrías perder si no lo arreglas. En el sueño, ¿aparece la cartera llena o vacía?, ¿podría tener esto que ver tu estado de cuentas?

Brazos

Los brazos nos permiten sujetar, movernos y abrazar. En los sueños, elementos tales como su vigor muscular o tatuajes tienen un significado concreto. Un buen tono muscular nos asegura el éxito en lo que emprendemos. Por lo contrario, los brazos débiles o rotos son indicio de ruina o enfermedad.

Cuanto más tranquilos estén los
caballos en el sueño,
más fácilmente
llegará lo que esperas.

Caballos

Soñar con caballos es un anuncio de que todo irá bien, siempre y cuando el sueño sea tranquilo y agradable. Cuanto más tranquilos estén los caballos más fácilmente llegará lo que esperas y que ahora te tiene un poco preocupado.

En cambio, si en el sueño intentas montar un caballo que se resiste, entonces es recomendable que te plantees si lo que quieres conseguir merece la pena. Si consigues finalmente montarlo será porque a pesar de los obstáculos que se te presenten sabrás resolverlo a tu favor. Si por el contrario, te acabas cayendo del animal o te haces daño ten cuidado porque es posible que salgas perjudicado de algún asunto.

Cabellos

La pérdida de cabello se relaciona con una posible pérdida de autoridad. Peinarse el cabello con insistencia significa que hay un problema que te angustia. Si te ayudan a peinarlo es que necesitas a alguien para resolver una situación. Soñar que el cabello te crece suave, dócil y abundante, anuncia importantes éxitos y felicidad, aunque no se debe interpretar en un sentido estrictamente económico.

Caídas

Los sueños de caídas reflejan una emoción primaria. Como los bebés, hemos de aprender a caminar a pesar de que caerse forme parte del proceso de aprendizaje y duela. El principio de nuestra independencia viene dado por nuestro aprendizaje a mantenernos de pie y movernos libremente. Así pues, cuando tenemos sueños en los que nos caemos, recuperamos el sentimiento de pérdida de control o de que el suelo que pisamos desaparece de nuestros pies.

En estos casos piensa en aquellos pilares de tu vida que se puedan estar tambaleando. Piensa si te sientes inseguro acerca de alguna decisión que debas tomar. Si es así, busca información acerca del tema sobre el cual has de decidir.

Cara

Se acostumbra a decir que la cara es el espejo del alma y es en los sueños donde esto resulta ser más cierto. Si en los sueños las caras que aparecen muestran rasgos o expresiones anormales, es posible que te adviertan de una deformación de tus cualidades. Cuando la cara se presenta normal es que no tiene ningún significado especial.

Carretera

La carretera simboliza con frecuencia el camino de la vida. Conducir por una carretera y avanzar indica el éxito en alcanzar los objetivos que te propones para llegar a tu destino.

Los cruces en los sueños son un símbolo común en la toma de decisiones indicando un cambio de rumbo. Cuestiónate si es que sientes que estás ante un dilema en tu vida real.

Peter Talbott

La cara es el espejo
del alma y es en los sueños donde
esto resulta ser más cierto.

Casa

La casa en los sueños nos indica algo relacionado con nuestro cuerpo. Las diferentes partes de la casa simbolizan también las partes de nuestro cuerpo. La cocina representa la vida doméstica y la alimentación. El dormitorio, el sueño y la sexualidad, el teatro de los sueños y la meditación. El baño representa la higiene física y mental. El comedor, las relaciones y la vida social. El desván, los cuartos altos y el tejado representan la inteligencia, nuestro cerebro y los aspectos intelectuales y cognitivos del ser.

Ceguera

Soñar con ceguera indica que hemos perdido el rumbo o que no apreciamos nuestro potencial. En el sueño, al quedarnos ciegos en mitad de una actividad que estemos haciendo nos brinda una excusa para abandonarla. Otra posibilidad es que el sueño refleje algún evento inesperado que te haya cegado hasta el punto de que tu vida haya quedado un poco trastocada.

Colores

En los sueños el color juega un papel importante a la hora de subrayar determinados detalles de un significado especial. Algunos son en blanco y negro o en tono sepia, al margen de la persona o prenda de vestir que por ejemplo, es de color rojo. En el caso del blanco, éste representa la pureza, la inocencia y la virtud, aunque también la frialdad y la distancia. Si este color aparece en los edificios o casas indica que económicamente estás haciendo las cosas bien. El negro simboliza la depresión el olvido, los celos y la angustia. Si en el sueño eres tú el único que no te mueves, mientras que el resto está en movimiento, y vas vestido de color negro, entonces es mejor que empieces a cambiar alguna situación personal, como dice el dicho: renovar o morir.

Columpio

El columpio es un elemento ligado al matrimonio y a la fertilidad. Así, si sueñas que te estás columpiando es señal de felicidad en la pareja, y si sueñas que el columpio se rompe es símbolo de próxima fertilidad y aumento de familia.

El columpio es un elemento ligado
al matrimonio y a la fertilidad.

Cristal

Su transparencia nos informa sobre la claridad de nuestras ideas y la lucidez de nuestro espíritu. Cuando es transparente es el mejor presagio de honradez y honestidad. Pero si está empañado o deslucido será lo contrario.

En función de cómo sea el sueño también puede ser síntoma de cierta vulnerabilidad.

Caminar sobre vidrio puede presagiar dolor por alguna herida sufrida en la vida real.

Los cristales rotos significan que todo está hecho añicos. Un sueño semejante puede reflejar tu estado emocional.

Desaparición

Es frecuente soñar que desaparecen cosas o personas y andas buscándolas durante todo el sueño. Esto nos deja una sensación de angustia y preocupación. En general este tipo de sueño es una muestra de cómo nuestra realidad nos preocupa o nos crea inseguridad. Puede ser que estemos viviendo bajo demasiada tensión o con mucho trabajo, o que algún problema nos angustie demasiado.

Desconocido

Los desconocidos simbolizan lo extraño. Estos pueden suponer una amenaza o una manera diferente de entender y concebir el mundo, de ahí que también aporten diversidad a nuestras vidas. En los sueños, nosotros mismos podemos ser los desconocidos o conocer a otros. Cuando aparecen desconocidos del mismo sexo y edad, resultan ser un reflejo de nosotros mismos y de lo que desearíamos ser.

A veces puede tener que ver con los deseos sexuales insatisfechos, sobre todo cuando soñamos con un desconocido de otro sexo y nos sentimos atraídos.

Cuando la persona soñada es del mismo sexo pero diferente edad, puede que nos avise de algún conflicto o discusión.

Desnudez

Aparecer desnudo en el sueño no es raro, lo importante es saber qué sentimientos imperaban al encontrarnos en esa situación. Si nos sentimos cómodos significa que estamos seguros respecto a los demás.
Si por el contrario sentimos pudor o incomodidad puede indicar cierto sentimiento de desventaja o inferioridad.

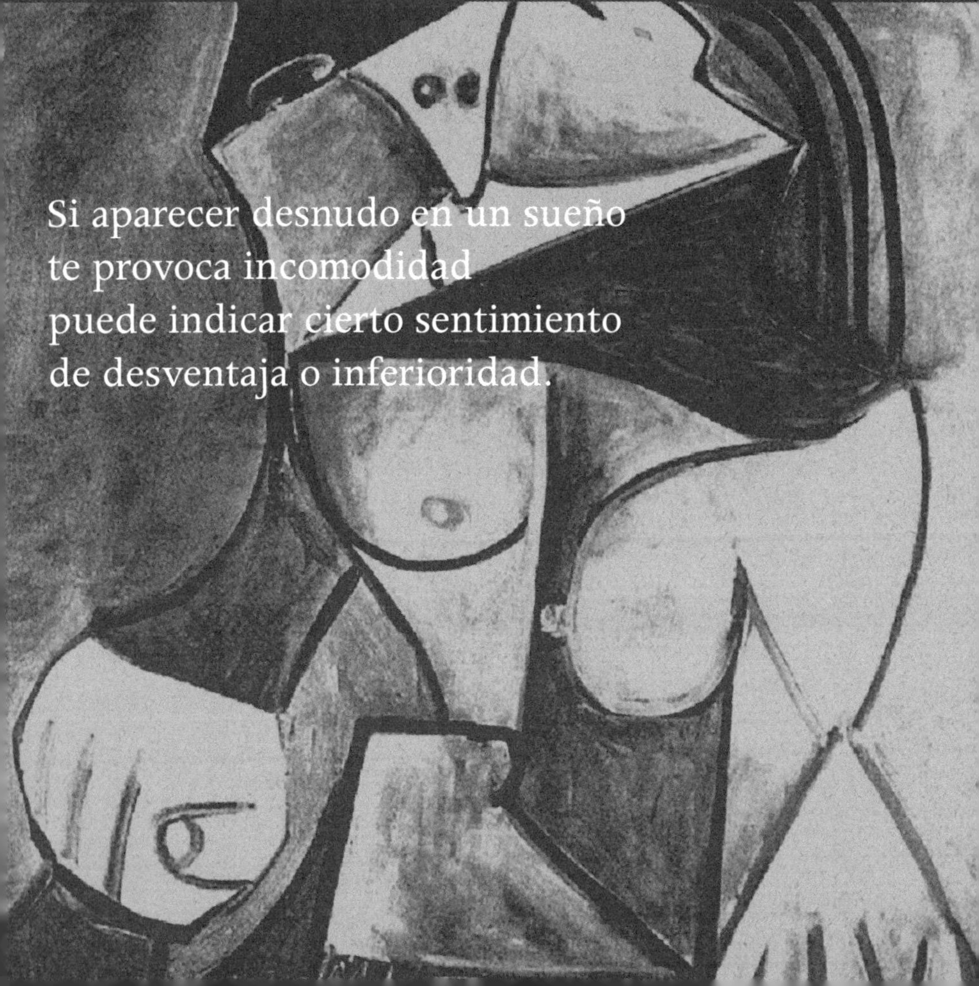

Si aparecer desnudo en un sueño
te provoca incomodidad
puede indicar cierto sentimiento
de desventaja o inferioridad.

Dientes

Perder los dientes en un sueño refleja problemas en la vida real, así como una pérdida, una ruptura sentimental o un alejamiento. También está relacionado con la imagen que ofrecemos en general. La pérdida de dientes suele ocurrir cuando hay grandes cambios en nuestras vidas, como por ejemplo cuando nos emancipamos, cambiamos el rumbo de nuestra vida o nos separamos de nuestra pareja.

Dinero

El dinero nos permite comprar lo que necesitamos. Si en tu sueño estás comprando algo analiza lo que has gastado y si estás satisfecho. Aquellos sueños en los que despilfarramos pueden reflejar preocupación por nuestra cuenta bancaria. Si el dinero es en metal en vez de papel o plástico intenta recordar qué tipo de metal, pues si es oro tiene un valor elevado. La plata simboliza el poder psíquico o la intuición; y el cobre está relacionado con la curación, de ahí que muchas personas mayores lleven brazaletes de cobre para aliviar el reumatismo. El banco es el lugar donde se recauda dinero y se pone en circulación, por lo que puede simbolizar la acumulación y circulación de la energía de tu cuerpo. El banco es un símbolo de seguridad.

Enfermedad

Soñar que estamos enfermos, más que una preocupación por la salud, indica una necesidad de sentirnos atendidos y protegidos. Deseamos tener alguna persona pendiente de nosotros.

También podría significar un dejar de lado nuestras responsabilidades, pues el hecho de estar enfermo nos exime de ellas.

Entierro

Cuando soñamos que nos entierran significa que tendremos una vida longeva y feliz.
En el caso de que asistamos a un entierro nos augura un triunfo, un éxito sobre las personas que desean perjudicarnos o que nos atacan.
Si enterramos algún objeto es que estamos demasiado preocupados por nuestras posesiones materiales. En ese caso debemos plantearnos nuestras prioridades y necesidades reales.

El equipaje en los sueños nos muestra aquellos asuntos personales pendientes de resolver.

Equipaje

El equipaje en los sueños nos muestra no solo lo que creemos necesitar para irnos de vacaciones, sino aquellos asuntos personales sin resolver o temas emocionales pendientes que nos retienen. Cuando metafóricamente se habla de la «mochila o equipaje personal» por lo general nos referimos a la carga de sentimientos negativos que nos impiden avanzar en nuestras recorrido emocional.

Escalera

Subir por una escalera significa obtener una conquista en el ámbito profesional o social.

La escalera de mano en un sueño puede tener relación con determinadas tareas de tu casa, tales como pintar o cambiar una bombilla. No obstante, si no puedes establecer una asociación lógica, pregúntate por el propósito de la escalera en el sueño. Al igual que las escaleras o los ascensores, las escaleras de mano sirven para subir o bajar y por lo tanto guarda relación con el progreso o la falta del mismo en tu vida.

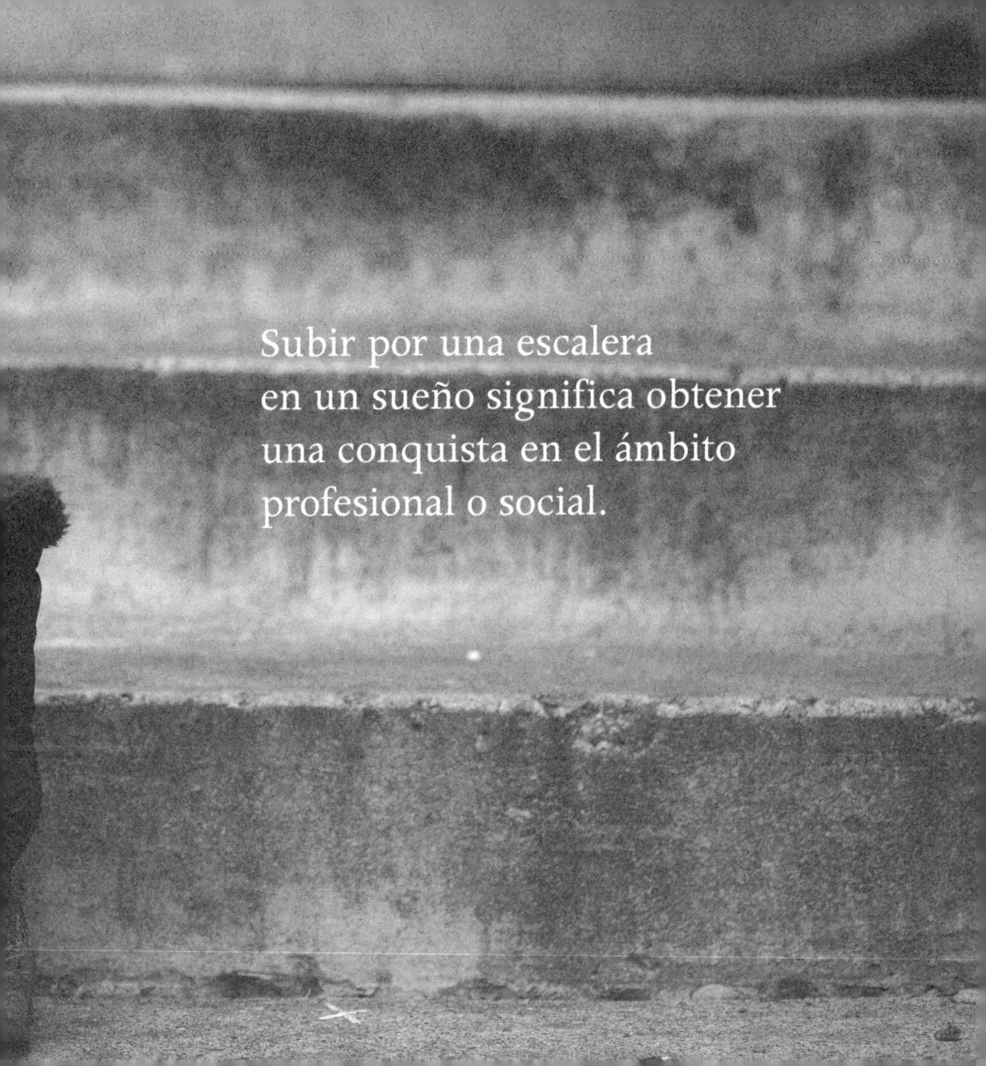

Subir por una escalera
en un sueño significa obtener
una conquista en el ámbito
profesional o social.

Espejo

El espejo funciona como un símbolo de nuestra mente. Nos muestra el acto de la reflexión, de hacer un ejercicio de introspección importante, quiénes somos verdaderamente; pero también nos enseña algo de nosotros mismos de un modo diferente. Cuando nos vemos en sueños a través del espejo nos podemos preguntar si nos gustaba la imagen reflejada o por el contrario creemos conveniente hacer unos cambios. Si en realidad nos vemos mejor de como somos, entonces necesitamos una cura de humildad.

Examinarse

Si soñamos que estamos en clase, en la escuela o en la universidad, y en la realidad ya hemos pasado esa etapa, se puede interpretar como el deseo de mejorar y desarrollarnos personalmente. Cuando nos vemos realizando un examen es que estamos ante cambios que nos tienen inquietos e inseguros. Si la prueba nos pone nerviosos es que estamos cargando con un exceso de responsabilidad y necesitas un respiro para renovar fuerzas. Tal vez solo debamos prepararnos un poco mejor y asegurarnos de poder afrontar la situación con total confianza. Si ante la prueba nos damos cuenta de que la podemos superar sin problemas es que, aunque algo nerviosos, tenemos la certeza de conseguirlo.

Facturas

Soñar con las facturas nos está avisando de que estamos descuidando determinados compromisos y obligaciones, ya sean familiares, afectivas, laborales o de otra naturaleza. Si el nombre de la factura no es el nuestro entonces debemos tener cuidado, pues podemos sufrir algún perjuicio por culpa de un tercero.

Familia

La familia representa nuestra vida afectiva y social. Si en el sueño aparece unida indica que mejoraremos nuestras relaciones y obtendremos otras nuevas.

Si por el contrario se nos muestra crispada o tensa, seguramente tendremos problemas en nuestros lazos afectivos en el entorno social y laboral.

Si en el sueño nuestra familia
aparece unida indica
que mejoraremos nuestras relaciones.

Fiesta

Si el acontecimiento festivo resulta agradable es un anuncio de felicidad. Si por el contrario se trata de una fiesta de disfraces nos están advirtiendo de la existencia de falsos amigos. Si estamos solos implica distancia emocional del ser querido. Soñar que, simplemente, te ves en una fiesta, en medio de todos bailando y charlando, es que tu subconsciente te está avisando de que necesitas algo: el no tomártelo todo tan a pecho y disfrutar más de las cosas cotidianas. Hay ocasiones en las que la mejor solución es no tomarse la vida tan en serio.

Flores

Las flores vistas en conjunto, bien en un prado, ordenadas en ramilletes o en un fondo difuso como en el que se ve en los sueños, se relaciona siempre con la vida y los sentimientos, en especial los amorosos. Como siempre, el estado de las flores anunciará mayor o menor suerte en estos temas. Si están marchitas o secas no auguran directamente lo contrario, pero sí más dificultades para alcanzar nuestros deseos sentimentales.

Fuego

Los sueños en los que el fuego nos amenaza se nos está advirtiendo de que sentimos algún tipo de peligro y miedo en la realidad aun cuando no seamos conscientes de ello. Se trata además de unos sentimientos que no podemos controlar ni eliminar. Si por el contrario, simplemente nos quedamos observando el crepitar de las llamas con agrado es que estamos viviendo un momento bueno, un período en el que la suerte se alía con nosotros. Igual de positivo es soñar que manipulamos algo que se está quemando y no encontramos ningún problema. Si somos nosotros quienes encendemos el fuego, significa que debemos controlar nuestra agresividad y nuestros impulsos pasionales para que no se acaben volviendo en nuestra contra.

Funeral

Cuando estamos en un funeral significa el fin de una etapa o de una situación y puede que, aunque la transición resulte dolorosa, el final sea bueno. El hecho de soñar con un funeral hace que estemos hablando de un momento de nuestras vidas importante, en el que las directrices que tomemos son irreversibles. También son importantes las personas que nos acompañan en este tipo de sueños. En el caso de que nuestra familia esté arropándonos es porque las cosas irán bien, las transiciones en la vida serán buenas, y los nuestros estarán ahí para apoyarnos. Si por el contrario nos encontramos solos y desamparados es posible que el camino que hemos tomado en la vida lo tengamos que recorrer solos, nos apoyen o no los nuestros.

A veces el sueño te advierte
de que no estás viendo la realidad
tal como es.

Gafas

Si normalmente llevas gafas en la vida real y te angustias porque las has perdido o se te han roto, lo que se puede interpretar es que te sientes vulnerable y desnudo ante los demás y temes no contar con la protección que supone para ti llevarlas puestas.

Si en el sueño llevas gafas y es lo que tiene más importancia, lo más probable es que tu subconsciente te esté avisando de que estás observando la realidad desde un punto de vista erróneo y deformado. No estás viendo la realidad tal como es.

Gastos

Es un sueño bastante común soñar con que estamos comprando algo no muy costoso y a la hora de pagar nos sorprenden con un precio abusivo que no nos lo podemos permitir, o no llevamos suficiente dinero para pagarlo. En estos casos, se está refiriendo al coste de vida que llevas. El sueño nos está recordando que siempre hay que renunciar a algo para conseguir otra cosa. Piensa si realmente te compensa y hasta qué punto estás dispuesto a renunciar a algo para conseguir lo que quieres.

Gatos

Tanto los gatos como los leones, tigres, panteras, leopardos y demás felinos están vinculados con nuestro lado femenino e intuitivo. Soñar con ellos a veces tiene que ver con nuestro lado oscuro, así como la advertencia de que hemos de tener más en cuenta nuestra intuición.

Soñar con gatos también puede significar algunos conflictos en el amor o la amistad, sobre todo cuando el animal se muestra agresivo. Si quien sueña es un hombre, suele revelarse una dependencia sexual. Si es una mujer, acostumbra a ser la manifestación del temor de estar siendo manipulada por alguien que solo piensa en sí mismo.

Golpes

Cuando en tu sueño te atacan violentamente el subconsciente te está indicando que en el fondo crees que estás provocando una serie de conflictos que llegan a alterar incluso los nervios de quienes te rodean. Si cuando te golpean no te defiendes, posiblemente en la vida real te echarás la culpa de todo y considerarás que los demás tienen razón. Si cuando van a atacarte te enfrentas a tu atacante, es que vas a tener problemas con los más allegados, y tendrás que ser fuerte si quieres seguir adelante con tus planes. Si eres tú quien golpea contra alguien más débil, entonces tu subconsciente te está advirtiendo de que estás adoptando una conducta de imposición que no es justa. En verdad te sientes culpable y no quieres reconocer que los demás pueden tener razón.

Soñar con gatos
puede significar algunos
conflictos en el amor
o la amistad.

Gris

Este color evoca la sabiduría, el inconsciente, el equilibrio; aunque su parte negativa está relacionada con la ignorancia, la melancolía o cierta confusión de pensamientos. Si este color es luminoso es posible que se produzca un encuentro con el equilibrio de tu entorno y el bienestar. Si aparece en forma de humo anuncia problemas de difícil solución.

Gritar

Si sentimos una necesidad irrefrenable de gritar es que algo no va bien en nuestra vida. Querer alzar la voz y no poder es claro síntoma de que nos sentimos ahogados, atados en la manifestación de nuestros sentimientos. No iría mal que reflexionaras acerca de lo que en tu vida diaria te tiene tan preocupado y te hace sentir tan impotente. Si en el sueño le gritamos a alguien, especialmente si es conocido, entonces es que estamos muy enfadados, aunque también cabe considerar que el enfado es con nosotros mismos. Si lo que oímos son gritos cuya procedencia desconocemos es que tenemos el presentimiento de que algún peligro nos acecha y tratamos de desoír lo que dice nuestra intuición. Es bueno analizar este sueño y sacar lo que llevamos dentro.

Hermanos

Los hermanos o hermanas son como una versión clónica de nosotros mismos, en la que proyectamos nuestras ansias, miedos, frustraciones o ambiciones más secretas. Por tanto debemos interpretar que lo que les ocurre a ellos en sueños es una transposición de lo que deseamos o tememos que nos suceda a nosotros mismos. Cuando el hermano es de nuestros mismo sexo, esa simbología se refuerza en los aspectos materiales, sociales o laborales. Si quien nos representa en el sueño es un hermano del otro sexo, la interpretación debe orientarse hacia nuestras relaciones sentimentales o amorosas sin descartar, según el tema del sueño, nuestras fantasías sexuales. Si el que sueña no tiene hermanos en la vida real, indica carencias afectivas en su trato con los demás.

Hospital

Cuando sueñas que estás en un hospital es augurio de buena salud y excelentes relaciones con el entorno y con los demás. Si quien está ingresado es conocido, indica que el hecho de interesarnos por él y brindarle nuestra ayuda nos retribuirá de forma generosa y favorable.

El hecho de que en el hospital no haya nadie conocido significa que debemos ocuparnos más de nuestros asuntos para evitar problemas. Dichos problemas serán más graves y urgentes cuanto más enfermos veamos o más deterioradas estén las instalaciones.

A veces también cobra un sentido opuesto y puede ser reflejo de la ansiedad del soñador aun cuando no sea perceptible en la vida real.

Si sentimos una necesidad
irrefrenable de gritar en sueños
es que algo no va bien
en nuestra vida.

Hotel

Un hotel es un lugar de acomodación provisional cuyo anonimato por parte de los huéspedes suele reflejar cierto deseo de cambio, de ir de un lugar a otro sin que nadie te conozca ni pueda interferir en tus planes.

Asimismo un hotel es un lugar donde nos cuidan y en el que quedamos exentos de las obligaciones domésticas.

¿Acaso el hotel con el que has soñado te recuerda a alguno en el que has estado? Si es así, reflexiona acerca de lo que hacías allí y cómo te sentiste.

Humo

Soñar que vemos humo o una humareda es siempre advertencia de algún peligro por causas desconocidas o que no podemos desentrañar. Si el humo es débil o de color claro, avisa de un percance que aún podemos evitar si nos esforzamos en ello.

Si por el contrario es denso y oscuro, el riesgo es mayor y de más difícil solución, en especial si el humo nos envuelve y nos impide ver a nuestro alrededor.

Infidelidad

Nos referimos a la infidelidad dentro de la pareja, y no a las infidelidades de amistad, empresa y demás.

El hecho de soñar con la infidelidad en la pareja no significa que queramos serlo en la realidad, sino que esperamos que la relación se renueve y nos agrade como la primera vez.

Si por el contrario, no estamos del todo satisfechos con nuestra relación, en el sueño, las características físicas o psíquicas de la persona con la que cometemos la infidelidad, nos revelarán aquello que no nos gusta. Si en nuestro sueño quien nos es infiel es nuestra pareja nos está indicando que estamos seguros de su amor, pero no sabemos cómo corresponderle mejor.

El hecho de soñar con la infidelidad
en la pareja no significa
que queramos serlo en la realidad.

Inundación

Las inundaciones tienen el poder de arrasar con todo lo que se encuentra a su paso. Como remueven todo el suelo, también aporta nuevos nutrientes que regeneran la tierra. Ello representa el fin de una etapa, el comienzo de un nuevo ciclo. Sin embargo, a nivel emocional los sueños de inundaciones representan el desbordamiento de los sentimientos y emociones que se encuentran en el subconsciente.

Reflexiona acerca de una posible saturación de determinados eventos o emociones en el presente.

Jardín

En sueños el jardín simboliza nuestro mundo interior con todas sus complejidades.

Si lo que vemos en el sueño es un jardín florido que nos llena de paz y tranquilidad, entonces disfruta del momento y sé muy feliz, pues la dicha está contigo y piensa quedarse mucho tiempo. Si es un jardín hermoso pero desordenado entonces revela libertad y naturalidad.

Si contiene árboles retorcidos y atormentados, también lo estará nuestra alma.

Ladrones

Representan aquellos sentimientos que nos influyen negativamente, como el miedo, el dolor emocional o la duda. Intenta recordar lo que ocurría en el sueño, si reconocías a los ladrones, o ¿acaso eras tú el que te estabas apoderando de algo que no te pertenecía? Si los ladrones entran en casa cuando no estamos es que sentimos que algo nos está distrayendo y nos estamos olvidando de nosotros mismos, lo cual provoca que nos embargue la sensación de que estamos perdiendo la conexión con nuestro ser íntimo. Por otra parte, si predomina la sensación de agobio es que te sientes atacado, vigilado por alguien que se está tomando demasiadas confianzas contigo y al que no te atreves a poner freno.

Lengua

Si en tu sueño lo que ocurre es que la lengua te está impidiendo hablar a pesar de que lo intentas, posiblemente es que tu timidez a veces llega a paralizarte.
Recuerda en esos casos que es un sueño y que en la vida real puedes expresarte con libertad. ¿Estás teniendo algún problema de comunicación en tu vida? ¿Crees que en determinadas situaciones donde surge la discrepancia deberías morderte la lengua? ¿Quieres regañar a alguien?

Lenguaje extraño

Cuando en nuestros sueños nos hablan en un lenguaje que no conseguimos comprender, es posible que nos invada la sensación de angustia e impotencia por no podernos comunicar con los demás. Cuando son muchas las personas que no entendemos es porque estamos teniendo dificultades para integrarnos en el medio en el que nos movemos actualmente, lo que provoca en nosotros sentimiento de soledad.

A veces somos nosotros quienes emitimos sonidos ininteligibles, lo cual demuestra nuestra preocupación por no saber expresar y explicar lo que ocurre en nuestro interior. A lo mejor queremos acabar con una relación y por miedo a hacerle daño no lo hacemos. Es posible que

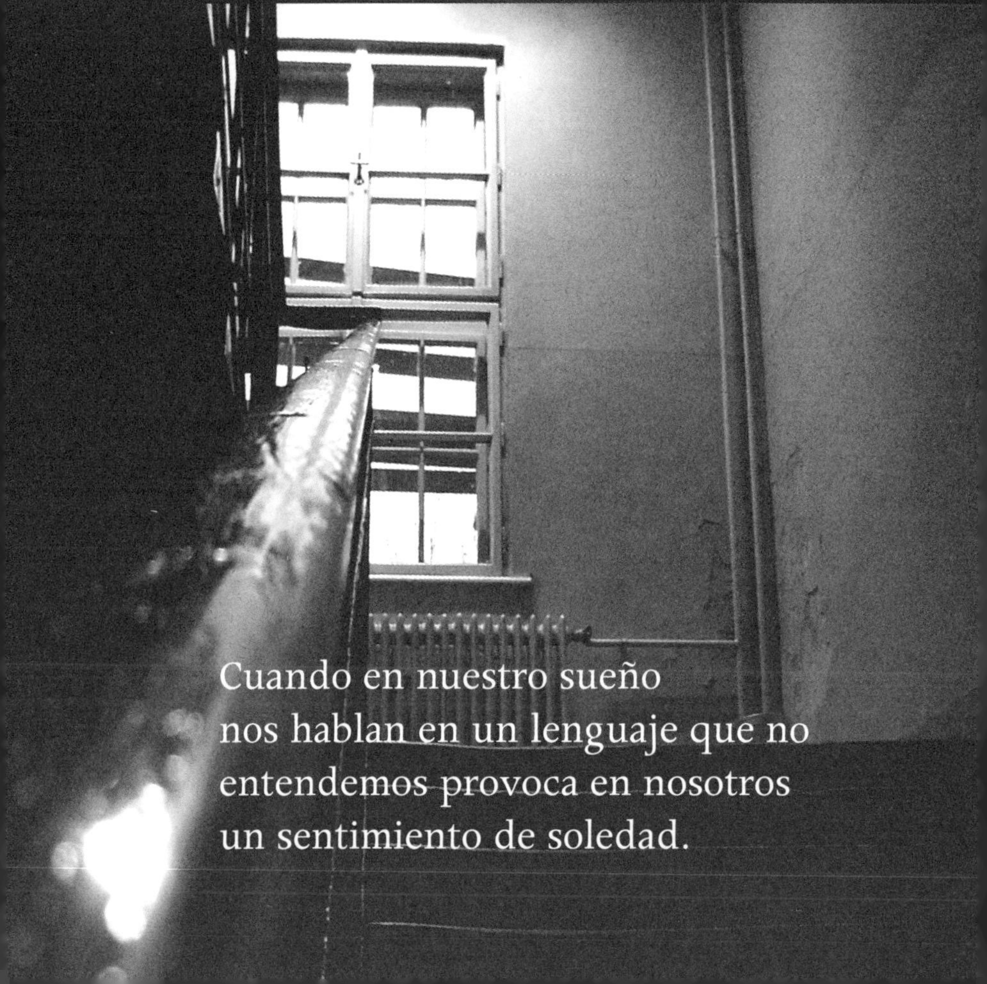

Cuando en nuestro sueño nos hablan en un lenguaje que no entendemos provoca en nosotros un sentimiento de soledad.

estemos lanzando indirectas y nuestra pareja no se dé por aludida.

Si este es tu caso, trata de decir las cosas tal y como las sientes, con tacto, pero sin andarte mucho por las ramas, ya que de lo contrario lo único que consigues es complicarte más la vida y hacer más daño.

Llave

Si hemos soñado con una llave que no sabemos lo que abre es posible que nos encontremos en un momento en el que hayamos de decidirte por algo y no sepamos qué hacer. Debemos pensar las cosas antes de precipitarnos a abrir una puerta equivocada. Muchas veces se sueña con la pérdida de la llave, situación que nos genera un sentimiento de angustia ante la posibilidad de que otros la encuentren y abran la puerta de los sentimientos que queríamos guardar en secreto. Si en el mismo sueño acabamos encontrándola, posiblemente las cosas se resolverán mejor de lo que esperamos. Este sueño también simboliza la respuesta a una cuestión o la liberación de algo que permanecía bloqueado y encerrado.

Si hemos soñado con una llave que
no sabemos lo que abre es posible
que nos encontremos en un momento e
n el que hayamos de decidirte por algo
y no sepamos qué hacer.

Lluvia

La lluvia es una fuente de fertilidad y abundancia, su simbología en los sueños tiene que ver con la purificación de los sentimientos.

El mejor sueño es el de la lluvia suave y prolongada pues indica una serie de sentimientos calmados e intenciones elevadas. La lluvia torrencial anuncia la necesidad de solventar problemas y obstáculos antes de lograr sus beneficios.

Llorar

Cuando el sentimiento de pena nos embarga y en nuestro sueño lloramos, probablemente no estemos consiguiendo desahogarnos adecuadamente en nuestros momentos de vigilia. Algo nos está pasando que nos desgarra interiormente y no nos permite sentirnos contentos o en paz. Existe en nosotros un sentimiento de pena muy intenso.

Puede que aún no hayamos logrado superar algún acontecimiento desgraciado. Lo positivo es que probablemente este sueño funcione a modo de catarsis y nos ayude a desbloquear sentimientos que no conseguían liberarse. También existen llantos de felicidad y emoción, lo cual nos indica la llegada de algo que nos removerá y dejará salir sentimientos antiguamente atrapados.

Madre

En estos sueños se desprende un estado de ansiedad ya que podemos estar pasando por algunos momentos de dificultad personal. Soñar con ella está relacionado con momentos de desconcierto, inseguridad o indecisión.

Soñar que discutimos con ella revela el deseo de huir de su tutela, de emanciparnos.

Cuando la sueñas muerta a pesar de que está viva es signo de inseguridad y sentimiento de soledad y angustia.

Manos

Las manos representan lo que damos y tomamos en el plano emocional. Por ejemplo, soñarnos con las manos manchadas puede significar que no somos del todo sinceros.

Si soñamos que nos lavamos las manos es que tratamos de quedar bien con los que nos rodean.

Si estamos con las manos atadas nos están impidiendo comportarnos tal y como somos. Si conseguimos desatarnos, entonces podremos recuperar la libertad y disfrutar de nuevo.

Las manos representan
lo que damos y tomamos en el
plano emocional.

Mar

El mar representa todo aquello que hace referencia a nuestros instintos más primitivos y nuestros sentimientos básicos. Así pues, una imagen del mar nos indica cómo se encuentra nuestro mundo interior, nuestro inconsciente y nuestros sentimientos de satisfacción y alegría más profundo. Soñar con un mar tormentoso puede revelarnos la pérdida de control de nuestras emociones y un predominio de nuestros instintos, por lo que se deduce que nos convendría un tiempo de reflexión para entendernos y decidir el camino más adecuado.

El mar en calma muestra un equilibrio de nuestro interior, es decir, la estabilidad de las emociones y la razón. Un equilibrio entre lo que pensamos y lo que sentimos.

Miedo

Cuando en nuestros sueños pasamos miedo, es que hay una base real, es decir, una transposición de nuestros miedos reales al mundo de los sueños y del inconsciente. Este tipo de pesadillas están relacionadas con las angustias que vivimos en nuestra vida real, o bien anuncia la aproximación de un acontecimiento que nos hace sentir temor.

Cuando nos llegamos a despertar del sueño, debido al sobresalto que nos produce la sensación de temor, tanto si se recuerdas como si no el contenido del sueño, se debe al estrés o la excesiva preocupación por alguna cuestión. En estos casos es conveniente analizar qué situación de nuestra vida real nos puede haber causado ese temor.

Muerte

Soñar que alguien se muere no es premonición, sino que significa cambios importantes en nuestra vida. La muerte tiene que ver más bien con el distanciamiento y la desaparición. También puede manifestar la necesidad de un cambio. En ocasiones también supone una vía de escape cuando nos sentimos excesivamente cansados y nos vemos incapaces de alcanzar determinados objetivos.

Cuando soñamos que es otro quien muere puede significar que esa persona ha dejado de ser lo que era para nosotros, léase nuestra pareja, una amistad, un amante, etc.

La muerte de otro también puede significar nuestro deseo de que esa otra persona consiga lo que se está proponiendo, o consiga salir de la situación en la que se encuentra.

Es muy común que la gente mayor sueñe con la muerte. Más que una premonición, es un mecanismo psicológico para aceptarla.

Muro

Al soñar que nos hallamos ante un muro se nos presentan diversas posibilidades. Cuando el muro que tenemos delante lo escalamos y conseguimos saltarlo significa que los obstáculos que simbolizan dicho muro podrán ser superados con más o menos dificultad, en función del esfuerzo que hayamos tenido que realizar para ello. Cuando el muro se rompe o, mejor aún, lo derrumbamos entonces podremos solucionar los problemas de manera airosa, lo que nos permitirá continuar desarrollándonos como persona. Si lo que sucede es que estamos construyendo un muro, entonces tratemos de recordar lo que sentíamos al hacerlo. ¿Era para protegernos o para escondernos?

Música

La música en los sueños suele interpretarse como reflejo de situaciones plácidas y agradables, de momentos felices. Ahora bien, si la música que nos rodea es estridente, desafinada y molesta es que nos estamos dejando engañar por lo que hay a tu alrededor. En este tipo de sueños el subconsciente te está preparando para que tomemos conciencia de ello y descubramos las verdaderas intenciones de aquellas personas que se acercan a nosotros. Si nos encontramos un instrumento musical, es importante recordar cuál era su estado. Si está en buen estado entonces significa que resolveremos determinadas situaciones; si está roto o desaparece de nuestra vista, entonces es que todavía nos queda algunos obstáculos que superar.

La música en los sueños suele interpretarse como reflejo de situaciones plácidas y agradables.

Nadar

Como hemos visto ya con la entrada de Agua, en el mundo de los sueños este elemento representa el ámbito de lo inconsciente, las pasiones y los instintos primarios. En este caso, si nadamos tranquilos y relajados se interpreta como un momento de equilibrio, sobre todo en lo referido al amor y la ambición, dependiendo de cuál sea nuestra situación personal.

Si nos ahogamos o estamos muy cansados y por tanto no conseguimos llegar a la orilla, es porque estos sentimientos son muy fuertes y nos controlan e invaden el resto de las facetas de nuestra vida.

Naranja

El naranja es el color de lo ideal, el amor puro, la fidelidad, la sinceridad; aunque también ofrece el otro lado negativo relacionado con la lujuria desmedida, la infidelidad y los excesos. Si en el sueño el naranja es el color que ilumina entonces simboliza la realización en el plano amoroso. No obstante, si en éste, aparecen determinadas formas extrañas o inquietantes, nos está avisando de una posible separación o infidelidad.

Niebla

Soñar con la niebla puede tener distintos significados que nuestro contexto nos puede aclarar. Puede ser reflejo de un sentimiento de confusión e incertidumbre, sobre todo en el caso de que en el sueño nos sintiéramos perdidos entre la niebla o estuviéramos buscando algún objeto en ella.

También se puede interpretar como una situación de cambio intuida aunque no identificada. Aún no sabemos hacia dónde se dirige el cambio.

Nieve

La nieve puede tener dos interpretaciones. Por un lado, la que nos indica abundancia y prosperidad, como por ejemplo cuando soñamos con un hermoso paisaje nevado. Sin embargo, si soñamos con que nos encontramos en medio de la nieve fría y árida, perdidos en una montaña o glaciar, entonces la nieve significa frío y soledad. Este sueño puede ser debido a un sentimiento de soledad y tristeza que nos enfría y paraliza.

Niños

Los niños, en especial los recién nacidos, simbolizan el renacimiento en uno, ya sean sentimientos o emociones, así como cambios en la personalidad, bien por un mejor conocimiento de tu propio yo o por ganar en madurez. Cuando sueñas con niños, se interpreta como cierta nostalgia de nuestra infancia que en muchos casos no tiene tanto que ver con la real sino con una idealización de la misma, ya que es una etapa libre de responsabilidades y preocupaciones importantes. En este caso convendría preguntarnos qué es lo que nos agobia hasta el punto de querer huir de esa realidad.

Cuando se sueña con niños, se interpreta como señal de nostalgia por nuestra infancia.

Ojos

Es bastante frecuente soñar que tenemos algún problema con la vista. Cuando no ves claro o te quedas ciego, demuestra dificultad para enfrentarse a algún asunto en la vida real. No queremos ver algún aspecto de nuestra realidad y por eso soñamos que estamos ciego.
Unos ojos bien abiertos revelan un estado de alerta.

Orejas

La presencia de las orejas en los sueños tiene que ver con la habilidad de recibir la información procedente de otros, así como la propia voz que viene de nuestro interior.

Los secretos se dicen al oído; por lo tanto puede que sea un reflejo de cierta ansiedad debido a lo que la gente pueda rumorear de nosotros a nuestras espaldas.

Las orejas también pueden representar a nuestra persona más querida, ya sea nuestra pareja o alguien de la familia; en estos casos, si la oreja está bien formada, la relación que tenemos con esta persona es buena. Si, por el contrario la oreja tiene algún defecto, la relación pasará por conflictos.

Si en el sueño escondemos nuestras orejas es porque no queremos comprometernos del todo con una relación.

Orgías

Soñar con ellas puede ser señal de cierta insatisfacción sexual. Puede querer indicarnos cierta represión de nuestros deseos, alguna fantasía no realizada y por tanto no satisfecha, o la no aceptación de nuestras tendencias sexuales.

Oscuridad

La oscuridad suele estar vinculada a la confusión, los miedos y los problemas a los que no se sabe encontrar solución. También es símbolo de inicio, nacimiento y origen. Por eso, el sueño que se desarrolle en la oscuridad dependerá de la sensación experimentada por el soñante. Si nos sentimos temerosos y desasosegados es indicio de que en nuestra vida nos sentimos del mismo.

Cuando la luz va apareciendo poco a poco entonces es que lo que nos preocupa en ese momento se irá resolviendo paulatinamente, tendremos pues que ser paciente. Si la luz aparece repentinamente, entonces el cambio a mejor se producirá en un abrir y cerrar de ojos.

Cuando aparece la luz
en la oscuridad significa que
aquello que nos preocupa
se irá resolviendo.

Padre

El padre por lo general representa la autoridad y la protección. Tanto si es nuestro padre biológico o alguien que ejerce como tal, recibimos su influencia por la naturaleza del vínculo. Es bastante normal soñar con nuestro padre cuando pasamos por una situación donde entra en conflicto la responsabilidad y las obligaciones. Cuando el padre aparece en el sueño con una actitud cariñosa es indicio de necesidad de afecto y comprensión. Cuando por el contrario se muestra enfadado y acusador es síntoma de un gran sentido de culpabilidad. De todas formas no se puede olvidar que estas interpretaciones quedan siempre matizadas por la relación que hayamos tenido con nuestro padre y lo que represente para nosotros esta figura.

Pájaros

En los sueños lo pájaros representan noticias que nos llegan o que si ya las conocemos, éstas han causado un fuerte impacto en nosotros. Por eso nuestro subconsciente se encarga de destacarlas en nuestro sueño. Es importante recordar, a parte de la sensación que nos ha producido, la cantidad de pájaros que había, si estaban tranquilos, si eran pájaros de colores, etc. Cuando soñamos con un solo pájaro es que presentimos que nos van a dar una noticia. Si el pájaro es de colores, la noticia será buena. Si es una bandada de pájaros de colores, lo que se aproxima es una etapa dichosa en la que la situación mejorará. Si el pájaro es negro nos estamos preparando para aceptar una mala noticia y si es una bandada se avecina una etapa.

Parálisis

Es bastante común soñar que nos vemos paralizados ya sea porque no nos podemos mover o porque no podemos utilizar alguna parte de nuestro cuerpo o porque no podemos hablar. En estos casos la sensación es bastante angustiosa y acostumbra a ser reflejo de situaciones que en la vida real no nos vemos capaces de solucionar. Este tipo de sueños se pueden repetir mientras dure nuestra indecisión y nuestro problema.

Pérdida

Soñar que hemos perdido algo y lo buscamos con ansiedad es bastante habitual, lo que hay que tener en cuenta en estos sueños es saber qué hemos perdido y qué sensación tenemos ante la pérdida. La importancia de estos sueños radica en el hecho de buscar, pues es un indicio de una gran preocupación y tensión interior, un desequilibrio entre lo que deseamos y lo que tenemos. Además, a todo ello se le añade el temor a perder, lo cual es signo de inseguridad. También puede ocurrir que nos encontremos ante una encrucijada importante y no sepamos qué camino tomar. Si acabamos escogiendo un camino que además es el correcto, hay que entender las señales que nos envía el subconsciente, pues allí están las claves para que sigamos adelante.

Perros

Los perros son el amigo del hombre por excelencia, por eso en los sueños se asocian a la fidelidad en el ámbito de la amistad.

Cuando soñamos con un perro que se muestra furioso y agresivo también puede ser la representación de nuestro propio enfado no mostrado, como por ejemplo cuando nos mostramos amables y serviciales con los que nos rodean cuando que en el fondo estamos hartos de disimular. En esos casos es mejor desahogarte de manera controlada para no perjudicar a nadie.

Otras veces puede que soñemos con ladridos cuya procedencia desconoces. En esos casos nuestro yo interior nos está diciendo que no todo va tan bien como creemos.

Los perros en los sueños
se asocian a la fidelidad
en el ámbito de la amistad.

Persecución

Estos sueños son muy frecuentes. Todos hemos intentado huir de algo o alguien alguna vez. Aquellos sueños en lo que nos persiguen se asocian a cambios que queremos introducir en nuestra vida. Puede ser que ello comporte ciertas dificultades y por ello soñamos que no nos dejan tranquilos, que nos quieren atrapar y no podemos abandonar lo que queremos. Cuando lo que nos persigue consigue atraparnos produciéndonos miedo, entonces es que no estamos siendo capaces de romper con nuestro pasado. Cuando en el sueño conseguimos plantar cara al miedo entonces podemos acabar con él, y sentirnos de nuevo seguros y confiados a la hora de iluminar esos cambio en nuestra vida.

Piernas y pies

Las piernas y los pies nos conectan con la tierra. Aguantan el resto del cuerpo y nos permiten movernos. En el sentido metafórico soñar con ellos está relacionado con el control de nuestra vida, con la voluntad y la manera en que avanzamos. Si las piernas están cansadas o enfermas es que no estamos pasando por buena época y el cansancio está perjudicando nuestro ánimo. Si las piernas están sucias, la confusión te está provocando dudas y no tienes claro hacia dónde vas. Con respecto a los pies, esta interpretación va aún más allá, pues estos están estrechamente vinculados con nuestra alma. En estos casos, si llevamos unos zapatos que nos aprietan es que algo nos está ahogando en la vida real.

Precipicio

Soñar con un precipicio es el anuncio de que se acercan problemas que no tardarán en llegar. El hecho de soñar con ello indica que lo presientes y tu yo interior te lo enseña así. No obstante, no hay que alarmarse pues tan solo nos alerta ante la posibilidad de que las cosas se tuerzan. Cuando nos vemos ante un precipicio tenemos miedo de que todo lo que tenemos se derrumbe y no podamos recomponerlo. Hemos de convencernos de que podemos superar todas las adversidades por muy terribles que sean.

No permitas que el miedo se apodere de ti haciéndote caer, sé fuerte y confía en tu capacidad y en tu fuerza.

Rejas

Las rejas son algo que nos impide alcanzar algo o salir de la situación en la que nos encontramos. Cuando en el sueño un portal enrejado no nos deja entrar en un determinado sitio augura un obstáculo en un asunto que nos preocupa. Si conseguimos escalar y saltar la reja, nuestra habilidad y energía nos permitirán alcanzar ese objetivo. Si por el contrario las rejas nos impiden salir al exterior, señala dificultades para continuar con los planes que tenemos trazados.

Si conseguimos escalar y saltar la reja, nuestra habilidad y energía nos permitirán alcanzar un objetivo.

Reírse

Reírse en sueños no siempre es síntoma de buen augurio. Y es que la risa en estos casos implica cierto grado de tristeza, como si al reírnos buscáramos evitar pensar o darnos cuenta de lo malo. Si somos nosotros quienes nos reímos es que algo nos afecta tanto que recurrimos a la risa como medio de evasión. Cuando quienes se ríen son desconocidos es que no confiamos en los demás, que no vemos claras ni sinceras sus intenciones. Es un sueño que revela inseguridad en uno mismo. Si al final de ese sueño acabamos riéndonos nosotros también, pero más bien por inercia, entonces es que en la vida también estamos actuando del mismo modo, es decir, nos estamos dejando llevar por los demás para conseguir así su aprobación.

Retraso

La interpretación de un sueño en el que llegamos tarde significa, contrariamente a lo que podría parecer, que debemos retardar una decisión o un encuentro hasta tener claro que realmente nos interesa y sabemos cómo actuar.

Riqueza

Cuando sueñas con que eres rico y tu situación no es precisamente de desahogo en la vida real, entonces se trata de un sueño de compensación.
Si en cambio tu situación es normal o incluso satisfactoria el sueño indica un exceso de ambición que puede llevarte a perder la posición de la que disfrutabas.

Rojo

El rojo simboliza el poder, la creación, el conocimiento, las pasiones, aunque también la violencia, la ira.

Si en el sueño aparecen unos animales o personas peleándose y con sangre, entonces hemos de estar alerta y tomar precauciones en todos los aspectos de nuestra vida.

Rosa

La rosa es conocida universalmente como símbolo de la pasión. También simboliza la feminidad, la fertilidad y la belleza, así como la consumación y la pasión. La rosa blanca simboliza la inocencia, la virginidad y el florecimiento de la espiritualidad. La rosa amarilla simboliza la perfección. Un jardín de rosas es símbolo de paraíso, por lo que si soñamos con ello se puede interpretar como una situación de gozo y satisfacción en nuestra vida. Ahora bien, las rosas también son unas flores que tienen espinas, por lo que si soñamos con una flor espinosa lo más probable es que tengamos que enfrentarnos a una serie de problemas peliagudos con el fin de recuperar la buena interpretación que desprenden estas flores.

La rosa amarilla
simboliza la perfección.

Ruinas

En los sueños las ruinas tienen un vínculo directo con el pasado; son edificios que ya no tienen utilidad. No obstante, hay ruinas que tienen un gran valor, como las que nos ayudan a profundizar en el conocimiento de otros tiempos. Por consiguiente, según el tipo de ruinas que se den en el sueño podremos interpretar una cosa u otra. Es decir, las primeras nos indican que hemos de dejar atrás el pasado, mientras que las segundas nos pueden servir para encontrar determinados aspectos del pasado que nos ayuden en el futuro.

Sangre

Soñar con sangre se relaciona con la necesidad de escapar de algo que nos agarra. Es algo de lo que nos queremos liberar y que no podemos seguir aguantando.

Es importante tener en cuenta las circunstancias. Es decir, si al ver brotar la sangre no nos sentimos angustiados seguramente la liberación te aliviará. Si por el contrario nos sentimos mal, bien por miedo o por debilidad, entonces es que en los próximos días no nos vamos a sentir tan seguros ni fuertes: ha pasado algo o va a pasarnos que supondrá un golpe bajo.

Sexo

Soñar que tenemos relaciones sexuales con otra persona, conocida o no, indica que necesitamos sentirnos satisfechos y plenos en nuestras relaciones emocionales. Queremos dar y necesitamos recibir.

Si se trata de nuestra pareja es que la echamos de menos.

Si, pese a tener pareja, con quien practicamos sexo es con otra persona, entonces debemos analizar si nuestra pareja nos da lo que necesitamos para ser felices.

También es frecuente soñar con un tercero cuando está a punto de casarse. Este tipo de sueño suele ser más bien un reflejo de los miedos a las nuevas responsabilidades y la tensión del paso a una nueva vida en pareja. Con estos sueños conseguimos liberar cierta intranquilidad.

Suciedad

En estos sueños, como en la mayoría, lo importante es recordar cuál era nuestra actitud y qué sentimientos nos asaltaron cuando suceden los acontecimientos del sueño.
En este caso, si al ver la suciedad empezamos a limpiar y poner remedio a la situación, nos estará indicando que estamos preparados para superar las situaciones difíciles.
Cuando lo que predomina es la impotencia y la parálisis entonces los problemas se acercan sin saber exactamente el modo de actuar.
Si somos nosotros quienes estamos sucios, entonces lo más probable es que estemos a disgusto con nosotros mismos.
Por lo tanto se desprende del sueño que debemos aceptar quienes somos y vernos con mejores ojos.

Suicidio

Soñando es el único momento en los que somos capaces de presenciar nuestra muerte y observar sus consecuencias. No obstante, en estos casos el suicidio funciona como el deseo de destruir algo de nuestro interior que no podemos soportar: una obsesión malsana, una conducta inapropiada que no conseguimos evitar, etc.

Cuando quien comete el suicidio es otra persona la tradición presenta dos tendencias. La primera es que esa persona necesita nuestra ayuda. La segunda interpretación es la que sostiene que en realidad lo que deseamos es librarnos de quien se suicida.

El suicidio en un sueño manifiesta el deseo de destruir algo de nuestro interior que no podemos soportar.

Teléfono

Por lo general este tipo de sueños suelen producirse cuando alguien importante para nosotros se ha alejado y tememos perder el contacto con él. Puede darse incluso que la relación se haya perdido y no sepamos cómo retomarla. Es bastante frecuente que estos sueños se refieran a la relación amorosa, por lo que nuestros intentos por contactar con ella se deban a nuestra resistencia a perderla de vista.

Tijeras

Las tijeras son herramientas que suelen servir para cortar o dar forma. En nuestros sueños, estas suelen aludir a las relaciones sentimentales.

Así pues, cuando cortamos un cordón o cualquier otro vínculo con las tijeras anuncia la posibilidad de alguna ruptura afectiva. Cuando lo que hacemos es darle forma a algo, significa que podemos modificar para bien la relación.

Tren

Soñar con un tren o su llegada a la estación tiene que ver con nuestra evolución personal. Una primera lectura general nos indica que necesitamos vivir una serie de cambios importantes para sentirnos diferentes. Cuando ante nosotros pasa un tren sin que movamos un dedo por cogerlo es que nuestra actitud ante la vida es demasiado pasiva, somos unos espectadores. Pero el hecho de soñar con un tren, pese a nuestra pasividad, manifiesta que en el fondo nos gustaría poder cogerlo.

Si por el contrario nos encontramos viajando en un tren mientras observamos la belleza del paisaje, entonces la sensación de plenitud acaba de empezar y nos depara un buen futuro.

Soñar con un tren o su llegada a la estación tiene que ver con nuestra evolución personal.

Uniforme

La necesidad de sentirse perteneciente a una comunidad, o un grupo con el que sentirse apoyado e identificado es lo que nos revelan los sueños en los que llevamos uniforme. Otra de las interpretaciones relacionadas con estos sueños es la necesidad de poner orden en nuestra vida. En realidad en estos sueños lo que se busca es la ayuda externa por falta de confianza en nuestras capacidades. Si el uniforme está roto o viejo debemos ser precavidos con los proyectos que iniciamos, pues puede que nuestras capacidades no nos acompañen, o que no sabemos mostrar públicamente nuestro verdadero potencial.

Ventanas

Las ventanas nos brindan la protección del exterior al mismo tiempo que permiten la entrada de luz y la visión entre el interior o exterior de un coche o edificio. Las ventanas también se pueden cubrir con cortinas o persianas para obtener más intimidad. Si sueñas con ventanas recuerda dónde están situadas y en qué edificio están, pues si las ventanas pertenecen a un rascacielos puede estar relacionado con el trabajo o las relaciones oficiales, mientras que si se trata de una casa puede referirse a situaciones domésticas. Las hojas de las ventanas están hechas de vidrio, que puede ser transparentes u opacos, permitiendo ver con claridad o no. Reflexiona acerca de si hay algún tema que requiera más claridad de análisis.

Verde

El verde simboliza la esperanza, la fertilidad, las aspiraciones, la paz, la inspiración. El lado negativo de este color está relacionado con la locura, la corrupción, y el dejarse influenciar.

En los sueños el predominio de este color se impregna de buenas expectativas, aunque aconseja la paciencia necesaria para esperar al momento oportuno.

Violación

La violación implica la pérdida de control y autoridad sobre nuestra propia vida. Eso significa que estamos en manos de otra persona y que somos vulnerables. En la realidad te sientes atado a una situación que no solo no te gusta, sino que va en contra de tus principios. Asimismo el sueño puede ser también el resultado de un sentimiento de culpa por haber hecho algo que va en contra de ti. Por eso tu subconsciente te indica que de alguna manera has de ser castigado.

Si por el contrario, lejos de provocarte sensaciones de desagrado, lo que has sentido en el sueño es morbo o incluso te ha estimulado la libido, posiblemente sientes la necesidad de vivir una experiencia radicalmente intensa.

Volar

Seguramente casi todo el mundo ha soñado alguna vez que volaba, o mejor dicho casi todo el mundo ha tenido ansias de libertad, de no sentir ninguna atadura y liberarnos de nuestras limitaciones. Este es un sueño que nos invita a buscar salidas cuando nos sentimos atrapados, a buscar un camino que nos indique una nueva posibilidad.

Para que la interpretación sea lo más precisa y correcta posible lo mejor es recordar lo que veíamos al volar y si nos dirigíamos a un lugar concreto.

Lo que buscamos muchas veces en estos sueños es la posibilidad de elevarnos por encima de los conflictos y preocupaciones de la vida diaria.

Lo que buscamos cuando soñamos en volar es la posibilidad de elevarnos por encima de los conflictos y preocupaciones de la vida diaria.

Zapatos

Los zapatos suelen simbolizar nuestro caminar por la vida. De este modo, si los zapatos que calzamos son nuevos se anuncia una serie de circunstancias favorables que renovarán nuestros impulsos vitales.

Además el zapato simboliza la marcha, pues no se puede andar mucho sin ellos; el significado se refiere tanto a irse lejos como morir; por este motivo en muchos lugares se solía enterrar a los muertos con zapatos, para ayudarles en su partida al otro mundo.

Si los zapatos nos sientan bien tenemos garantizada la libertad y el progreso. Si son demasiado pequeños nuestra libertad se ve condicionada y todavía no sabemos hacer un buen uso de ella.

Los zapatos simbolizan
nuestro caminar
por la vida.

Títulos de la colección **Vital**

1. **Mensajes con amor**, de Susan Jeffers
2. **Pídeselo al Universo**, de Bärbel Mohr
3. **Felicidad es...**, de Margaret Hay
4. **Disfruta el momento**, de Raphael Cushnir
5. **Vivir de otra manera es posible**, de Regina Carstensen
6. **Sentirse bien**, de Wayne W. Lewis
7. **Aprende a vivir con optimismo**, de Catherine Douglas
8. **Mejora tu salud emocional**, de Robert Cameron
9. **Si quieres, puedes...**, de Daniel y Patricia Day
10. **Muévete**, de Ana Molina
11. **Aprende a combinar alimentos**, de Julie Davenport
12. **Llena tu vida de vida**, de Lyn Miller
13. **Libera tu mente**, de Peter Greining
14. **Yoga para tu salud**, de Eric Baxter
15. **Mejora tu vida con el feng shui**, de Futabei Shoki
16. **Los mensajes de El Secreto**, de Carol Marshall
17. **Comprende tus sueños**, de Peter Talbott
18. **Enriquece tu vida sexual**, de Anne Dennet

Otros títulos de **Vital**

Los mensajes de El Secreto. Carol Marshall

Este libro contiene las ideas fundamentales que Rhonda Byrne, autora de *El Secreto*, y Brenda Barnaby, autora de *Más allá de El Secreto* y *Más allá de la Ley de la Atracción*, han expuesto en sus obras a propósito de la Ley de la Atracción. Pensar, pedir, creer, visualizar y recibir son los verbos que sustentan los mensajes de El Secreto y que, unas veces en forma de parábola y otras como dardos, se lanzan directos a nuestra mente.

Enriquece tu vida sexual. Anne Dennet

Conseguir la armonía entre cuerpo y mente y entre individuo y el mundo que le rodea es el objetivo del yoga. Esta práctica milenaria favorece un cuerpo sano y libera las tensiones mediante la práctica de una serie de posturas. Con los sencillos ejercicios que este libro te presenta obtendrás innumerables beneficios, tu salud se verá reforzada y obtendrás un alto grado de libertad para seguir el flujo natural de la vida.

Aprende a combinar alimentos. Julie Davenport

Sigue los principios básicos de la combinación de alimentos para conseguir una vida saludable. Julie Davenport es una reconocida dietista, especialista en salud y bienestar que en esta obra nos explica que nuestro organismo es una máquina de precisión que funciona cuando el aparato digestivo y todo el metabolismo enzimático pueden funcionar con normalidad. Seguir una dieta saludable combinando alimentos de forma armónica es una garantía de futuro.

Otros títulos de Vital

Yoga para tu salud. Eric Baxter

Conseguir la armonía entre cuerpo y mente y entre individuo y el mundo que le rodea es el objetivo del yoga. Esta práctica milenaria favorece un cuerpo sano y libera las tensiones mediante la práctica de una serie de posturas. Con los sencillos ejercicios que este libro te presenta obtendrás innumerables beneficios, tu salud se verá reforzada y obtendrás un alto grado de libertad para seguir el flujo natural de la vida.

Libera tu mente. Peter Greining

El pensamiento positivo produce resultados magníficos y sorprendentes en nuestra relación con nosotros mismos y con los demás. Nos ayuda a mantener una buena comunicación con nuestro cuerpo, mejora nuestra salud, crea prosperidad y riqueza material en nuestra vida y sana las heridas emocionales del pasado. Este libro ofrece consejos para fomentar el desarrollo espiritual y físico y herramientas para personalizarlos.

Muévete. Claves para sentirnos activos. Ana Molina

¡Cambia de actitud! ¡Entra en acción potenciando tus recursos personales! Este es un manual práctico para estar activo en tu día a día. Mediante sencillos consejos conseguirás cambiar tu actitud y convertirte en una persona emprendedora y llena de energía. Además, te proporcionará una nueva visión de tu entorno laboral que te otorgará mayor libertad y la posibilidad de invertir en tu futuro.

Otros títulos de Vital

Aprende a vivir con optimismo. Catherine Douglas

Este libro nos presenta un resumen de las más eficaces ideas y consejos para alcanzar las metas que nos propongamos.La autora nos enseña cómo motivarnos aplicando las técnicas del pensamiento positivo, desarrollo de la autoestima, afirmaciones, visualizaciones, autosugestión, etc. Catherine Douglas nos ahorra teoría y va directamente a lo práctico, aportando consejos que pueden aplicarse de manera inmediata.

Mejora tu salud emocional. Robert Cameron

Este libro trata ante todo de ti. Está centrado en tus emociones, en tu aptitud individual para crear una fuerte autovaloración para aumentar gradualmente tu autoestima. Es una guía muy práctica diseñada como un viaje en el que podrás abordar los momentos en que has modelado tu personalidad, tu representación de la realidad y la forma en que ésta se proyecta hacia los demás.

Si quieres, puedes. Daniel y Patricia Day

Los autores han conseguido con esta obra que miles de personas vuelvan a confiar en sí mismas. Los autores nos proponen numerosos ejercicios de meditación, afirmaciones y consejos que te ayudarán a confiar en tu sabiduría intuitiva y también a mejorar emocional y espiritualmente para conseguir una vida más intensa y sobre todo, feliz.

Otros títulos de **Vital**

Llena tu vida de vida

¡Lo mejor que se ha dicho y escrito en el ámbito de la superación personal! He aquí un conjunto de citas inspiradoras y positivas que son algo más que meras palabras, son sabias reflexiones sobre valores universales como el amor, la amistad, la felicidad o la sabiduría y que pueden servirte en cualquier ocasión para potenciar tu entusiasmo, tu pasión y tu compromiso con la vida.

Disfruta el momento. Raphael Cushnir

Sucede, muchas veces, que ante situaciones difíciles, nos encerramos en nuestro propio caparazón y nos blindamos al exterior. En ese momento perdemos buena parte de la energía que nos permite crecer y madurar como seres humanos. Para evitar estas situaciones este libro nos enseña de qué modo volver a disfrutar de la vida y del entorno que nos ha tocado vivir.

Sentirse bien. Wayne W. Lewis

El autor de este libro nos propone un fascinante acercamiento a lo más recóndito de nuestra mente, de nuestro cuerpo y de nuestro espíritu con el fin de sacar a la luz toda aquella energía inconsciente que se esconde tras nuestros actos.